Manuel Schwarz

Die „Coburger Fürstenhochzeit“ 1894

Inhaltsverzeichnis

1
2
3
4
5
6
7
8
9
10
11
12
13
14
15
16
17
18
19
20
21
22
23
24
25
26
27
28
29
30

Familienfoto Legende

Biogramme zum Familienfoto der „Coburger Fürstenhochzeit“

① **Königin Victoria von Großbritannien und Irland (1819–1901)**
Großmutter von Braut und Bräutigam, 1837–1901 Königin des Vereinigten Königreichs Großbritannien und Irland, 1876–1901 Kaiserin von Indien, 1840–1861 verheiratet mit Prinz Albert von Sachsen-Coburg und Gotha (1819 –1861)

② **Kaiser Wilhelm II., König von Preußen (1859–1941)**
Cousin von Braut und Bräutigam, verheiratet mit Prinzessin Auguste Viktoria von Schleswig-Holstein-Sonderburg-Augustenburg (1858–1921), heiratet 1922 Prinzessin Hermine von Schönaich-Carolath, geb. Reuß älterer Linie (1887–1947), Sohn von Kaiserin-Witwe Victoria (3), Enkel von Königin Victoria (1), Tod im Exil in den Niederlanden

③ **Kaiserin Victoria (1840–1901)**
geb. Prinzessin von Großbritannien und Irland, Witwe von Kaiser Friedrich III. (1831–1888), Tochter von Königin Victoria (1), Mutter von Kaiser Wilhelm II. (2) und Erbprinzessin Charlotte (15)

④ **Zarewitsch Nikolaus (1868–1918)**
Cousin der Braut, heiratet 1894 Prinzessin Alix von Hessen und bei Rhein (5), 1894–1917 als Nikolaus II. Zar von Russland, 1918 von den Bolschewiki ermordet

⑤ **Prinzessin Alix von Hessen und bei Rhein (1872–1918)**
Schwester des Bräutigams, heiratet 1894 Zarewitsch Nikolaus (4), 1894–1917 als Alexandra Fjodorowna Zarin von Russland, 1918 von den Bolschewiki ermordet

⑥ **Prinzessin Viktoria von Battenberg (1863–1950)**
Schwester des Bräutigams, geb. Prinzessin von Hessen und bei Rhein, verheiratet mit Prinz Ludwig Alexander (18)

⑦ **Prinzessin Irene von Preußen (1866–1953)**
Schwester des Bräutigams, geb. Prinzessin von Hessen und bei Rhein, verheiratet mit Prinz Heinrich von Preußen (1862–1929), Schwägerin von Kaiser Wilhelm II. (2)

⑧ **Großfürstin Maria Pawlowna (1854–1920)**
geb. Prinzessin zu Mecklenburg-Schwerin, verheiratet mit Großfürst Wladimir Alexandrowitsch Romanow (26), 1920 Flucht aus Russland und Tod im Exil in Frankreich

⑨ **Herzogin Marie von Sachsen-Coburg und Gotha, Herzogin von Edinburgh (1853–1920)**
Mutter der Braut, geb. Großfürstin Marija Alexandrowna Romanow, verheiratet mit Herzog Alfred von Sachsen-Coburg und Gotha (28), Mutter von Prinzessin Beatrice (29), Maria (23) und Alexandra (14) sowie Erbprinz Alfred (10)

⑩ **Erbprinz Alfred von Sachsen-Coburg und Gotha (1874–1899)**
Bruder der Braut, Sohn des Coburger Herzogspaares (9 und 28), 1899 verstorben, vermutlich Selbstmord

⑪ **Albert Edward, Prinz von Wales (1841–1910)**
Onkel von Braut und Bräutigam, verheiratet mit Prinzessin Alexandra von Dänemark (1844–1925), Sohn von Königin Victoria (1), 1901–1910 als Eduard VII. König von Großbritannien und Irland

⑫ **Prinz Heinrich Moritz von Battenberg (1858–1896)**
verheiratet mit Prinzessin Beatrice (17), 1889–1896 Gouverneur und Kapitän der Isle of Wight

⑬ **Prinzessin Louise von Sachsen-Coburg und Gotha (1858–1924)**
verheiratet mit Prinz Philipp (20), wegen Affären Entmündigung und Einweisung in die Psychiatrie, 1906 Scheidung

⑭ **Prinzessin Alexandra von Sachsen-Coburg und Gotha (1878–1942)**
Schwester der Braut, Tochter des Coburger Herzogspaares (9 und 8), heiratet 1896 Erbprinz Ernst zu Hohenlohe-Langenburg (1863–1950), 1900–1905 Regent des Herzogtums Sachsen-Coburg und Gotha

⑮ **Erbprinzessin Charlotte von Sachsen-Meiningen (1860–1919)**
Cousine von Braut und Bräutigam, geb. Prinzessin von Preußen, verheiratet mit Erbprinz Bernhard von Sachsen-Meiningen (1851–1928), Mutter von Prinzessin Feodora (30), Tochter von Kaiserin-Witwe Victoria (3), Schwester von Kaiser Wilhelm II. (2), 1914–1918 Herzogin von Sachsen-Meiningen

⑯ **Herzogin Luise Margareta von Connaught und Strathearn (1860–1917)**
geb. Prinzessin von Preußen, verheiratet mit Herzog Arthur (27)

⑰ **Prinzessin Beatrice von Battenberg (1857–1944)**
Tante von Braut und Bräutigam, geb. Prinzessin von Großbritannien und Irland, verheiratet mit Prinz Heinrich Moritz von Battenberg (12), Tochter von Königin Victoria (1)

⑱ **Prinz Ludwig Alexander von Battenberg (1854–1921)**
Schwager des Bräutigams, verheiratet mit Prinzessin Viktoria von Hessen und bei Rhein (6), Admiral in der Royal Navy, 1912–1914 Erster Seelord

⑲ **Großfürst Pawel Alexandrowitsch Romanow (1860–1919)**
Onkel der Braut, Bruder von Herzogin Marie von Sachsen-Coburg und Gotha (9), verheiratet mit Prinzessin Alexandra von Griechenland und Dänemark (1870–1891), russischer General, 1919 von den Bolschewiki ermordet

⑳ **Prinz Philipp von Sachsen-Coburg und Gotha (1844–1921)**
verheiratet mit Prinzessin Louise von Belgien (13), ältester Bruder von Zar Ferdinand I. von Bulgarien (1861–1948)

㉑ **Graf Arthur von Mensdorff-Pouilly (1817–1904)**
1853–1882 verheiratet mit Magdalene Kremzow (1835–1899), heiratet 1902 Gräfin Bianca Albertina von Wickenburg (1837–1912), Cousin von Königin Victoria (1), Offizier und Maler

㉒ **Großfürst Sergei Alexandrowitsch Romanow (1857–1905)**
Onkel der Braut und Schwager des Bräutigams, verheiratet mit Großfürstin Jelisaweta Fjodorowna (25), Bruder von Herzogin Marie (9), Onkel von Zarewitsch Nikolaus (4), 1891–1905 Generalgouverneur von Moskau, 1905 von einem Sozialrevolutionär ermordet

(23) **Kronprinzessin Maria von Rumänien (1875–1938)**
Schwester der Braut, geb. Prinzessin von Sachsen-Coburg und Gotha, verheiratet mit Kronprinz Ferdinand (24), Tochter des Coburger Herzogspaares (9 und 28), 1914–1927 Königin von Rumänien

(24) **Kronprinz Ferdinand von Rumänien (1865–1927)**
Schwager der Braut, geb. Prinz von Hohenzollern-Sigmaringen, verheiratet mit Kronprinzessin Maria (23), 1914–1927 König von Rumänien

(25) **Großfürstin Jelisaweta Fjodorowna (1864–1918)**
Schwester des Bräutigams, geb. Prinzessin Elisabeth von Hessen und bei Rhein, verheiratet mit Großfürst Sergej Alexandrowitsch Romanow (22), 1909–1918 Äbtissin, 1918 von den Bolschewiki ermordet

(26) **Großfürst Wladimir Alexandrowitsch Romanow (1847–1909)**
Onkel der Braut, verheiratet mit Prinzessin Marie zu Mecklenburg-Schwerin (8), Bruder von Herzogin Marie (9), Onkel von Zarewitsch Nikolaus (4), Militär und Politiker

(27) **Herzog Arthur von Connaught und Strathearn (1850–1942)**
Onkel von Braut und Bräutigam, verheiratet mit Herzogin Luise Margareta (16), Sohn von Königin Victoria (1), britischer Feldmarschall, 1911–1916 Generalgouverneur von Kanada

(28) **Herzog Alfred von Sachsen-Coburg und Gotha, Herzog von Edinburgh (1844–1900)**
Vater der Braut und Onkel des Bräutigams, verheiratet mit Herzogin Marie (9), Vater von Prinzessin Beatrice (29), Maria (23) und Alexandra (14) sowie Erbprinz Alfred (10), Sohn von Königin Victoria (1), Flottenadmiral in der Royal Navy, 1893–1900 Herzog von Sachsen-Coburg und Gotha

(29) **Prinzessin Beatrice von Sachsen-Coburg und Gotha (1884–1966)**
Schwester der Braut, Tochter des Coburger Herzogspaares (9 und 28), heiratet 1909 Prinz Alfonso d'Orléans-Bourbon (1886–1975)

(30) **Prinzessin Feodora von Sachsen-Meiningen (1879–1945)**
Tochter von Erbprinzessin Charlotte von Sachsen-Meiningen (15), Urenkelin von Königin Victoria (1), heiratet 1898 Prinz Heinrich XXX. Reuß zu Köstritz (1864–1939), 1945 Selbstmord

Einleitung

Eine der bedeutendsten royalen Hochzeiten des 19. Jahrhunderts war die „Coburger Fürstenhochzeit“ am 19. April 1894. Zur Vermählung von Prinzessin Victoria Melita von Sachsen-Coburg und Gotha mit Großherzog Ernst Ludwig von Hessen und bei Rhein kam in der oberfränkischen Residenzstadt eine illustre Hochzeitsgesellschaft zusammen. Anwesend waren viele bedeutende Mitglieder des europäischen Hochadels. Das Familienfoto stammt von einem Vertreter des englischen Studios Gunn&Stuart. Das Brautpaar ist allerdings nicht unter den

Sammlung Manuel Schwarz

Palais Edinburgh (Mitte) am Schlossplatz zwischen Hoftheater und Arkaden, 1936.

Dargestellten, denn die beiden frisch Vermählten verließen Coburg bereits am Hochzeitstag um 15.36 Uhr in Richtung Hessen. Die Fotografie entstand auf Wunsch von Prinzessin Beatrice von Battenberg (17), einer Tante des Brautpaares, zwei Tage später gegen 11.30 Uhr im Garten vom Palais Edinburgh.

Die Schauplätze

Das Palais wurde in den Jahren 1845 bis 1846 für Maximilian Freiherr von Wangenheim am Coburger Schlossplatz erbaut. Der bis heute gebräuchliche Name geht zurück auf Herzog Alfred von Edinburgh (28), der das Gebäude 1865 erwarb. Die Villa befindet sich direkt gegenüber von Schloss Ehrenburg, das von 1543 bis 1547 als Residenz für Herzog Johann Ernst von Sachsen-Coburg errichtet wurde. Nach einem Brand im Jahr 1690 ließ Herzog Albrecht III. das Schloss bis 1699 als barocke Dreiflügelanlage wieder aufbauen. Aus dieser Zeit stammt die Schlosskirche, in der 1894 die kirchliche Trauung von Ernst Ludwig und Victoria Melita stattfand. Die zivilrechtliche Trauung wurde in den Gemächern von Königin Victoria

Sammlung Manuel Schwarz, Emil Wiegand

Schloss Ehrenburg, 1934.

von Großbritannien und Irland (1) vollzogen. In den Jahren nach 1810 erhielt das Schloss sein bis heute charakteristisches Erscheinungsbild, als es im Auftrag von Herzog Ernst I. von Sachsen-Coburg und Gotha nach den Entwürfen von Karl Friedrich Schinkel im Stil der Neogotik umgestaltet wurde. Die Räumlichkeiten wurden zwischen 1816 und 1840 nach Plänen des französischen Architekten André-Marie Renié-Grétry im Empirestil eingerichtet.

Das Haus Sachsen-Coburg und Gotha

Coburg war eine der beiden Residenzstädte des Herzogtums Sachsen-Coburg und Gotha, das seit dem „Teilungsvertrag zu Hildburghausen“ von 1826 bis zur Novemberrevolution 1918 existierte. Zwar ist zumeist von dem einem Herzogtum die Rede, aber formell waren es zwei Herzogtümer vereint als ein „unter der Regierung des Herzoglichen Hauses von Sachsen-Coburg und Gotha untrennbares Ganzes.“ Das regierende Haus ist ein Zweig der Ernestiner, eine der beiden Linien der Wettiner.

Sammlung Manuel Schwarz

Leopold II.
König der Belgier,
um 1900.

Durch kluge Diplomatie und Heiratspolitik gelangten im 19. Jahrhundert Mitglieder des protestantischen Hauses und der katholischen Nebenlinie zudem auf mehrere europäische Throne. 1831 wurde Prinz Leopold vom Nationalkongress des im Jahr zuvor unabhängig gewordenen Belgiens zum König gewählt. Mit dem Namen seines Sohnes Leopold II. sind vor allem die im Kongo-Freistaat verübten „Kongogräuel“ verbunden: Bei der systematischen Ausbeutung des afrikanischen Landes, das von 1885 bis 1908 Privatbesitz des Königs war, kamen mehrere Millionen Menschen ums Leben. In Portugal gelangte 1836 durch Heirat mit der verwitweten Königin Maria II. aus dem Haus Braganza mit Prinz Ferdinand ein Mitglied der katholischen Nebenlinie von Sachsen-Coburg und Gotha auf den Thron. Die Nachkommen des Paares regierten das Land bis zur Revolution und Ausrufung der Republik im Jahr 1910.

In Bulgarien wählte 1887 ein Regentschaftsrat Prinz Ferdinand, einen Neffen des gleichnamigen portugiesischen Königs, zum Fürsten des Landes, das formell aber unter der Souveränität des Osmanischen Reichs verblieb. Mit der Unabhängigkeitserklärung im Jahr 1908 krönte sich der so genannte „Foxy Ferdie“ zum Zaren von Bulgarien.

Zar Ferdinand I. von Bulgarien, nach 1914.

Sammlung Manuel Schwarz, Eduard Uhlenhuth

Am bedeutendsten war die Vermählung von Königin Victoria von Großbritannien und Irland mit Prinz Albert von Sachsen-Coburg und Gotha im Jahr 1840. Arrangiert hatte die Verbindung, die zudem auf beiderseitiger Zuneigung beruhte, der belgische König Leopold I. – Onkel sowohl der Braut als auch des Bräutigams. Aufgrund der großen Nachkommenschaft von Victoria und Albert – der Verbindung entstammten 9 Kinder, 42 Enkelkinder und 87 Urenkelkinder – entwickelten sich enge Verwandtschaftsverhältnisse zwischen dem sächsischen Herrscherhaus und vielen hochadligen Familien in Europa. Königin Victoria, die zu Recht „Großmutter Europas" genannt wird, mischte sich zudem aktiv in die Heiratspläne ihrer Nachkommen ein und arrangierte eine Vielzahl von Ehen. Sie hoffte, dass durch die engen Bande zukünftige politische Konflikte im Familienkreis gelöst und Kriege verhindert werden könnten. Die Strategie erwies sich mit Blick auf den

Hessisches Staatsarchiv Darmstadt, Bestand D 27 B Nr. 246, John Jabezn Edwin Mayall

Königin Victoria von Großbritannien und Irland mit Prinz Albert von Sachsen-Coburg und Gotha, 1855.

beherrschenden Einfluss von Politikern und Militärs sowie der öffentlichen Meinung als unzeitgemäß und scheiterte endgültig mit Ausbruch des Ersten Weltkrieges.

Der Heimat ihres bereits 1861 verstorbenen Mannes Albert blieb Victoria stets verbunden und besuchte bis zu ihrem Tod im Jahr 1901 das Herzogtum Sachsen-Coburg und Gotha mehrmals – zum letzten Mal aus Anlass der letzten von ihr arrangierten Hochzeit im Jahr 1894.

Hessisches Staatsarchiv Darmstadt, Bestand R 4 Nr. 29828, Eduard Uhlenhuth

Prinzessin Victoria Melita von Sachsen-Coburg und Gotha mit Großherzog Ernst Ludwig von Hessen und bei Rhein, 1894.

Das Hochzeitspaar

Großherzog Ernst Ludwig von Hessen und bei Rhein war der Lieblingsenkel von Königin Victoria. „Ernie“ verbrachte als Kind viel Zeit bei seiner Großmutter, vor allem nach dem frühen Tod seiner Mutter Alice, der zweitältesten Tochter der britischen Monarchin. Seine vielen Aufenthalte in England erwiesen sich als prägend: Er wurde von seinen Verwandten in seinen liberalen Überzeugen ermutigt und von der englischen Arts and Crafts-Bewegung zu seinem Engagement für die Künste angeregt. 1899 gründete er in der Residenzstadt Darmstadt auf der Mathildenhöhe eine Künstlerkolonie. Unter dem Motto „Mein Hessenland blühe und in ihm die Kunst“ plante er durch die Förderung der bildenden und angewandten Künste gleichsam die Wirtschaft des Großherzogtums zu fördern. Die Künstler entwarfen nicht nur Gegenstände und Gebäude für Bürgertum und Adel, sondern versuchten die Wohnsituation von Arbeiterinneren und Arbeitern zu verbessern. Bis 1914 wurden vier Ausstellungen veranstaltet und es entstand ein Ensemble, unter anderem bestehend aus Ateliergebäude, Hochzeitsturm, Künstlerhäusern und Platanenhain, das 2021 in die UNESCO-Welterbeliste aufgenommen wurde.

Prinzessin Victoria Melita, in Familienkreisen „Ducky“ genannt, war die Tochter von Herzog Alfred von Sachsen-Coburg und Gotha, dem zweitältesten Sohn von Königin Victoria, und somit auch eine Enkelin der britischen Monarchin. Ihre Mutter war die geborene russische Großfürstin Marija Alexandrowna Romanow (9). Die Ehe von „Ducky“ und „Ernie“ sollte sich allerdings als ein schlechtes Arrangement erweisen: Sie unterschieden sich sehr und der Großherzog unterhielt außereheliche Affären. Nach der Totgeburt eines Sohnes im Jahr 1900 zerbrach die Ehe endgültig und wurde 1901 geschieden. Die

Trennung in den Kreisen des Hochadels war ein Skandal. Kaiser Wilhelm II. (2) machte seinem Cousin schwere Vorwürfe und bezeichnete die Scheidung als einen „Schlag für das Ansehen und die Stellung unserer deutschen Fürstenhäuser, welcher von uns allen Deinen Collegen bitter empfunden und Dir nachgefühlt werden wird; da wir ja alle uns als eine Familie rechnen!“ Traurigerweise verstarb 1903 zudem die achtjährige Tochter des geschiedenen Paares an Typhus. Glücklich wurden beide erst mit ihrer jeweils „zweiten Wahl“: Victoria Melita heiratete ihren Cousin Kyrill Wladimirowitsch Romanow und Ernst Ludwig ehelichte Prinzessin Eleonore zu Solms-Hohensolms-Lich.

Sammlung Manuel Schwarz

Künstlerkolonie auf der Mathildenhöhe in Darmstadt, nach 1905.

Ein europäisches Familienfoto

Umringt von ihren Verwandten sitzt in der Mitte Königin Victoria, wie immer seit dem Tod ihres Mannes Albert in schwarz gekleidet. Ihre Kleidung entspricht dem Stil des Zweiten Rokoko, nicht dem der Mode zur Zeit der Aufnahme entsprechenden Stil der Belle Epoque – bei einigen der Damen erkennbar an den Hammelkeulen-Ärmeln und den größeren Hüten. Rechts neben der Königin von Großbritannien und Irland, seit 1876 zusätzlich Kaiserin von Indien, sitzt ihr erstgeborener Enkel Kaiser Wilhelm II., wie immer in Uniform. Der Monarch sah in seinem Regierungsantritt 1888 einen Aufbruch in eine neue

Staatsarchiv Coburg, Bildsammlung 7737, Gunn&Stuart

Hochzeitsgesellschaft vor Schloss Ehrenburg, 19. April 1894.

Epoche, in der das Deutsche Reich zur Weltmacht aufsteigen werde: „Zu Großem sind wir noch bestimmt, und herrlichen Tagen führe ich Euch noch entgegen."

Er versuchte sich zunächst an einer Politik des „Persönlichen Regiments", aber wegen mehrerer von ihm verursachten Krisen musste er sich seit 1909 zunehmend zurücknehmen. Das Deutsche Reich entwickelte sich während der „Wilhelminischen Epoche" zum ökonomischen und politischen Konkurrenten von Großbritannien – dem Heimatland seiner von ihm ungeliebten Mutter Victoria (3). Wilhelm II. beneidete das Vereinigte Königreich um die mächtige Flotte und das weltumspannende Empire, weshalb er als Kaiser den Aufbau einer Hochseeflotte und die Erwerbung von Überseegebieten vorantrieb. Er verehrte seine Großmutter Victoria, aber mit ihren Nachfolgern kam er nicht zurecht. Für die wachsenden politischen Spannungen zwischen England und dem Deutschen Reich war er mitverantwortlich.

Auf dem Foto ist hinter Kaiser Wilhelm II., im Cutaway und mit Bowler, der junge Zarewitsch Nikolaus (4) aus dem Hause Romanow-Holstein-Gottorp zu sehen. Für ihn war die Hochzeit in Coburg ein ganz besonderes Ereignis, denn er verlobte sich während der Feierlichkeiten mit der Schwester des Bräutigams. Prinzessin Alix von Hessen und bei Rhein (5) hatte die Werbungsversuche des russischen Thronfolgers zuvor abgewiesen, obwohl „Sunny" die Gefühle von „Nicky" eigentlich erwiderte. Erstens hatte die Protestantin religiöse Bedenken wegen des vorgeschriebenen Übertritts zur Orthodoxen Kirche. Zweitens sprach sich ihre Großmutter Victoria gegen die Verbindung aus, weil die Britin eine Abneigung gegen das autokratisch regierte Zarenreich und Sorgen wegen der in Russland gefährlichen innenpolitischen Lage hegte. Letztlich siegte aber die Zuneigung der Prinzessin für den Zarewitsch über die eigenen und die Bedenken ihrer Großmutter: Nach weiteren Werbeversuchen willigte sie schließlich ein und am 20. April wurde die Verlobung auf Schloss Rosenau gefeiert. Bereits am 1. November des Jahres bestieg Nikolaus II. nach dem überraschenden Tod seines

Vaters Alexanders III. den Thron in Russland und aus Prinzessin Alix wurde Zarin Alexandra Fjodorowna. Völlig unvorbereitet auf seine Aufgabe, konnte Nikolaus II. die großen Probleme des Landes allerdings nicht lösen. Im Gegenteil: Eine Reform des autokratischen Systems wies er stets zurück und er besaß keine Antwort auf die drängende Soziale Frage.

Der Vater der Braut, der Herzog von Edinburgh, war seinem 1893 verstorbenen Onkel Ernst II. als Herzog von Sachsen-Coburg und Gotha auf den Thron gefolgt, weil dessen Ehe mit Prinzessin Alexandrine von Baden kinderlos geblieben war. Alfred, in der Familie „Affie" gerufen, hatte zuvor Karriere in der Royal Navy gemacht und die Weltmeere bereist. Nur widerwillig gab er dieses Leben auf. Der Regierungsantritt des gebürtigen Engländers verursachte im Deutschen Reich und in Großbritannien stürmische Debatten: In Deutschland störte man sich an der britischen Staatsbürgerschaft, seinem Rang als Admiral in der Royal Navy, seiner Bevorzugung der englischen vor den deutschen Titel und seiner Verwendung der Anrede „Königliche Hoheit", die ihm als Herzog nicht zustand. Nicht nur in der Presse war Alfred ein Thema, sogar im Reichstag und im Bundesrat wurde debattiert. Im britischen Parlament wurde über die zukünftige Staatsbürgerschaft von Alfred diskutiert und von Abgeordneten kritisiert, dass er als Mitglied der britischen Königsfamilie weiterhin eine Abfindung erhalten solle. Die Thronbesteigung Alfreds im Jahr 1893 zeigte deutlich die Grenzen dynastischer Familienpolitik in Zeiten des Nationalismus auf: Politik und Öffentlichkeit betrachteten die Thronfolgeregelung in einem deutschen Staat nicht als Familienangelegenheit.

Als Alfreds Sohn, Erbprinz Alfred (10), genannt „Young Affie", im Jahr 1899 überraschend verstarb, einigten sich Königin Victoria und Kaiser Wilhelm II. auf den vierzehnjährigen Carl Eduard als Thronfolger.

Der Enkel der britischen Monarchin musste sein Leben in England aufgeben und umgehend nach Deutschland übersiedeln, um dort auf seine zukünftige Aufgabe vorbereitet zu werden. Dass erneut die Thronfolge von der Familie arrangiert und mit Carl Eduard ein gebürtiger Engländer auserkoren wurde, war im Deutschen Reich wieder Gegenstand von Debatten. Nur ein Jahr später starb Herzog Alfred und die Regentschaft für den minderjährigen Nachfolger übernahm der Schwiegersohn des Verstorbenen, Erbprinz Ernst zu Hohenlohe-Langenburg, verheiratet mit Prinzessin Alexandra von Sachsen-Coburg und Gotha, genannt „Sandra“ (14).

Die jüngste Person auf dem Foto ist Prinzessin Beatrice von Sachsen-Coburg und Gotha (29), Tochter von Herzog Alfred und Herzogin Marie. „Baby Bee“ feierte einen Tag nach der „Fürstenhochzeit“ ihren 10. Geburtstag, anlässlich dessen ein Ball auf Schloss Rosenau veranstaltet wurde. Sie heiratete am 15. Juli 1909 Prinz Alfonso d’Orléans-Bourbon, einen Cousin von König Alfons XIII. von Spanien. Die zivilrechtliche Trauung wurde auf Schloss Rosenau sowie nach protestantischen Ritus auf Schloss Callenberg und nach katholischem Ritus in der Coburger Kirche vollzogen. Weil sich Beatrice zunächst aber weigerte der katholischen Kirche beizutreten, musste das Paar auf Betreiben der spanischen Regierung ins Exil gehen und wohnte bis 1912 in Coburg.

Neben Beatrice ist auf dem Foto Prinzessin Feodora (30) zu sehen, Tochter von Erbprinzessin Charlotte von Sachsen-Meiningen (15), einer Schwester von Kaiser Wilhelm II. Als Feodora 1879 geboren wurde, war sie die erste Urenkelin von Königin Victoria. Sie litt an der erblichen Stoffwechselerkrankung Porphyrie, wie vermutlich auch ihre Mutter Charlotte und zuvor König Georg III. von Großbritannien und Irland.

Anwesend bei der Hochzeit in Coburg war auch Königin Victorias ältester Sohn Albert Edward (11). Der Prinz von Wales beerbte seine Mutter 1901 und regierte als König Eduard VII. bis zu seinem Tod 1910. Er bemühte sich um eine Annäherung Großbritanniens an Frankreich. 1904 klärten die beiden Großmächte mit dem Abschluss der Entente cordiale ihre Differenzen. Zusammen mit Russland war die Triple Entente das Gegengewicht zum Dreibund, bestehend aus Deutschland, Österreich-Ungarn und Italien.

Erster Weltkrieg

Zwanzig Jahre nach der „Coburger Fürstenhochzeit“ wurden am 28. Juni 1914 in Sarajevo der österreichische Erzherzog-Thronfolger Franz Ferdinand und seine Frau Herzogin Sophie von Hohenberg von einem bosnisch-serbischen Nationalisten ermordet. Die anschließende Julikrise konnte diplomatisch nicht gelöst werden und eskalierte mit der Kriegserklärung Österreich-Ungarns an Serbien einen Monat nach dem Attentat am 28. Juli. Durch das Eingreifen der europäischen Großmächte entwickelte sich der Lokalkrieg rasch zum Weltkrieg. Die eng verwandten Monarchen aus Deutschland, Großbritannien und Russland unternahmen zuvor keine oder nur halbherzige Versuche, um den Waffengang zu verhindern. Der Krieg löste in ganz Europa eine nationalistische Hysterie aus. Die zuvor sorgsam gepflegten internationalen dynastischen Verbindungen der Adelsfamilien erwiesen sich für deren Mitglieder in dieser Situation als Belastung. Politik und Öffentlichkeit verlangten von den Adligen Beweise der Treue zum Vaterland und den Abbruch der Verbindungen ins feindliche Ausland.

Herzog Carl Eduard von Sachsen-Coburg und Gotha trat bereits im September 1914 als Chef des schottischen Regiments „Seaforth Highlanders“ zurück. Der junge Monarch beließ es nicht bei der symbolischen Geste und zog mit den Truppen aus Coburg und Gotha an die Front. Die nächsten Jahre pendelte er zwischen den Schlachtfeldern und der Heimat, beschränkt allerdings auf rein repräsentative Aufgaben. Im Jahr 1917 ließ er Angehörige des Hauses, die Bürger eines Staates waren, der mit dem Deutschen Reich im Krieg stand, von der Thronfolge im Herzogtum ausschließen. Im britischen Parlament wurde im selben Jahr der „Titles Deprivation Act“ verabschiedet, der es ermöglichte, deutschen und österreichischen Adligen ihre

Titel im Vereinigten Königreich zu entziehen. Unter den Betroffen war auch Herzog Carl Eduard, der seine britischen Titel zwei Jahre später verlor. Bereits 1915 waren acht deutsche und österreichische Mitglieder aus dem britischen Hosenbandorden ausgeschlossen worden, unter anderem Großherzog Ernst Ludwig von Hessen und bei Rhein. Zudem sah sich König Georg V. von Großbritannien und Irland 1917 veranlasst, den deutschen Namen Sachsen-Coburg und Gotha abzulegen. Er verlieh dem Herrscherhaus den Namen Windsor, nach der gleichnamigen Residenz. Die Bombardements englischer Städte durch Flugzeuge vom Typ „Gotha" waren mitverantwortlich für diese Entscheidung. Auch Prinz Ludwig Alexander (18) aus dem Haus Battenberg, einer Seitenlinie des Hauses Hessen, erlebte die antideutsche Stimmung in England: 1914 musste er wegen seiner Herkunft als Erster Seelord zurücktreten und 1917 auf seine hessischen Titel verzichten. Anschließend anglisierte er seinen Familiennamen zu Mountbatten.

Sammlung Manuel Schwarz

König Georg V. von Großbritannien und Irland im Gespräch mit Offizieren, 1914.

Umbrüche und Kontinuitäten

Besonders dramatisch entwickelte sich die Situation in Russland: Die militärischen Misserfolge und die Not der Bevölkerung sowie die ungelösten innenpolitischen Probleme der Vorkriegszeit kulminierten in der Februarrevolution von 1917. Der Zar wurde zur Abdankung gezwungen und mit seiner Familie im Alexanderpalast unter Hausarrest gestellt. Im Sommer 1917 wurden die Romanows nach Tobolsk im Ural verlegt. Nach der Oktoberrevolution und der Machtübernahme durch die Bolschewiki verschlimmerte sich ihre Situation weiter: Die Zarenfamilie wurde nach Jekaterinburg in Sibirien verbracht und gefangen gehalten. In der Nacht vom 16. auf den 17. Juli 1918 wurden Nikolaus II., Alexandra Fjodorowna und ihre Kinder ermordet. Am 18. Juli wurde auch die Schwester der Zarin, Großfürstin Jelisaweta Fjodorowna (25) von den Bolschewiki umgebracht. Ihr Mann Sergei Alexandrowitsch Romanow (22), ein Onkel des Zaren, hatte bereits im Jahr 1905 bei einem Bombenattentat sein Leben verloren. Victoria Melita und ihr zweiter Ehemann Kyrill Wladimirowitsch Romanow hatten Glück: Sie konnten nach der Oktoberrevolution zunächst nach Finnland fliehen. Ihren Lebensabend verbrachten sie in der kleinen französischen Stadt Saint-Briac-sur-Mer.

Zwar war auch das Deutsche Reich im Herbst 1918 militärisch in einer schwierigen Lage und die Not der Bevölkerung groß. Aber trotzdem kam der Vorschlag zur Aufnahme von Waffenstillstandsverhandlungen von der zuvor siegessicheren Obersten Heeresleitung (OHL) überraschend. Am 4. Oktober 1918 wurde eine neue Reichsleitung mit breiter parlamentarischer Unterstützung um Kanzler Prinz Max von Baden gebildet. Der amerikanische Präsident Woodrow Wilson forderte aber zudem die Abdankung des Deutschen Kaisers und die Parlamentarisierung. Am 28. Oktober wurden im Reichstag die „Oktoberreformen“ verabschiedet, mit der das parlamentarische Regierungssystem eingeführt wurde. Trotzdem bereitete die deutsche Seekriegsleitung (Skl) das Auslaufen der Hochseeflotte vor, um die britische Grand Fleet zu einer finalen Schlacht zu drängen. Der geheime Befehl verbreitete sich aber unter den Matrosen, die den sinnlosen Einsatz verweigerten. In Kiel und Wilhelmshaven kam es zu Unruhen, denen sich rasch Soldaten sowie Arbeiterinnen und Arbeiter anschloßen. Der Matrosenaufstand entwickelte sich zur Novemberrevolution und erfasste das gesamte Deutsche Reich. Prinz Max von Baden verkündete unter dem Druck der Ereignisse am 9. November die Abdankung des Kaisers – ohne dessen Zustimmung. Am Tag nach seiner Absetzung und der Ausrufung der Republik ging Wilhelm II. ins Exil in die Niederlande, wo er bis zu seinem Tod 1941 wohnte.

Staatsarchiv Coburg, Bildsammlung 3967

Revolutionäre Kundgebung vor Schloss Ehrenburg, 11.11.1918.

Der Bräutigam der „Coburger Fürstenhochzeit“, Großherzog Ernst Ludwig, versuchte, mit der Aussicht auf politische Reformen und der Gründung eines Allparteien-Staatsrats am 8. November 1918 seinen Sturz zu verhindern. Zwar war der Monarch allseits beliebt aber der Arbeiter- und Soldatenrat verlangte seine Abdankung, denn „die Uhr des Gottesgnadentums sei nun einmal abgelaufen“. Weil sich der Großherzog weigerte formell abzudanken, verkündeten die Revolutionäre seine Absetzung. Auch nach dem Ende seiner Regierungszeit wohnte Ernst Ludwig mit seiner Familie im Volksstaat Hessen und förderte das kulturelle Leben, unter anderem mit der Gründung der „Schule der Weisheit“ im Jahr 1920. Die Künstlerkolonie auf der Mathildenhöhe wurde 1929 formell aufgelöst.

In Gotha wurde am 9. November auf dem Marktplatz die Republik ausgerufen mit dem Arbeiter- und Soldatenrat als neuer provisorischer Regierung. Herzog Carl Eduard wurde auf der Veranstaltung in seiner Abwesenheit für abgesetzt erklärt.

In Coburg bildete sich am 11. November ein provisorischer Arbeiter- und Soldatenrat. Eine Menschenmenge zog durch die Stadt bis zum Schloss Ehrenburg, wo von einem Balkon aus Reden gehalten wurden. Erst am 13. November erklärte sich der Herzog bei einem Treffen mit seinen Ministern auf Schloss Callenberg zum Rücktritt von den Regierungsgeschäften bereit – ohne formell abzudanken. Einen Tag später verkündete Staatsminister Hans Barthold von Bassewitz dies im Gemeinschaftlichen Landtag. In den 1920er-Jahren engagierte sich Carl Eduard in völkischen und nationalsozialistischen Kreisen. Im „Dritten Reich“ bekleidete er verschiedene Ämter und diente als adliges Aushängeschild des Nationalsozialismus.

Anders entwickelte sich die Lage in den übrigen Staaten Europas, die von Mitgliedern des Hauses Sachsen-Coburg und Gotha regiert wurden. Ferdinand I. von Bulgarien konnte am 3. Oktober 1918 zu Gunsten seines Sohnes Boris III. abdanken. Erst eine Volksabstimmung über die Abschaffung der

IMAGO/Belga 0092185392, Emanuel Lalmand

Königin Mathilde und König Philippe zu Besuch auf Schloss Friedenstein mit Erbprinzessin Kelly und Erbprinz Hubertus von Sachsen-Coburg und Gotha (v. l. n. r.), 09.07.2019.

Monarchie im Jahr 1946 beendete das Zarentum und die Familie musste ins Exil gehen. Der letzte Zar Simeon II. kehrte in den 1990er-Jahren zurück in seine Heimat und war unter seinem bürgerlichen Namen Sakskoburggotski von 2001 bis 2005 Ministerpräsident der Republik Bulgarien.

Die Nachkommen von Leopold I. regieren bis heute in Belgien. König Philippe änderte nach einem Besuch auf Schloss Friedenstein in Gotha im Jahr 2019 sogar das Wappen seiner Familie und integrierte wieder den sächsischen Rautenkranz, um seine Herkunft zu betonen. Der Verweis auf die deutschen Wurzeln war auf Veranlassung von König Albert I. nach dem Ersten Weltkrieg aus dem Wappen entfernt und der Name des Hauses von Sachsen-Coburg und Gotha in „Belgien“ geändert

IMAGO / PA Images 0093704907, Toby Melville

Die Herzogin und der Herzog von Sussex, Meghan und Harry, mit ihrem Sohn Archie Harrison Mountbatten-Windsor bei einem Besuch in Südafrika, 25.09.2019.

worden. Auch das Vereinigte Königreich Großbritannien und Nordirland wird bis heute von Mitgliedern des Hauses Windsor – ehemals Sachsen-Coburg und Gotha – regiert. Durch die Hochzeit von Königin Elisabeth II. mit Prinz Philipp Mountbatten, einem Enkel von Prinz Ludwig Alexander, heißen einige Nachkommen (mitunter nur zeitweise) Mountbatten-Windsor mit bürgerlichem Familiennamen. Aktuell tragen unter anderem die Kinder von Herzogin Meghan und Prinz Harry diesen Namen.

Literatur & Quellen

Gertraude Bachmann: Coburg – Eine Weltminute 1894. Die Verlobung des letzten russischen Zaren Nikolaus II. auf der Rosenau, Coburg 2013.

Rosemarie Barthel: „Die Königshäuser Europas – von Gotha geadelt". Ausgewählte Dokumente der Archivgutüberlieferung im Thüringischen Staatsarchiv Gotha zu den dynastischen Verflechtungen des Herrscherhauses Sachsen-Gotha mit dem europäischen Hochadel, Gotha 2011.

Evamaria Brockhoff, Linda Brüggemann, Margot Hamm, Andreas Scherrer und Manuel Schwarz (Hg.): Götterdämmerung II – Die letzten Monarchen, Regensburg 2021.

Herbert Brunner, Lorenz Seelig: Schloss Ehrenburg Coburg. Amtlicher Kurzführer, München 1990.

Coburger Zeitung nebst Regierungs-Blatt für das Herzogthum Coburg, Coburg 1894.

Friedegund Freitag, Karin Kolb (Hg.): Die Ernestiner. Eine Dynastie prägt Europa, Dresden 2016.

Hof- und Staatshandbuch für die Herzogthümer Sachsen-Coburg und Gotha, Gotha 1901.

Joachim Horn, Alexander Jehn, Hans Sarkowicz, Rainer von Hessen (Hg.): Die Battenbergs. Eine Europäische Familie, Wiesbaden 2019.

Walter Mühlhausen: Revolution über Hessen. Demokratiegründung 1918/19, Wiesbaden 2018.

John C. G. Röhl: Wilhelm II. Der Weg in den Abgrund 1900–1941, München 2009.

Wilfried Rogasch (Hg.): Victoria & Albert, Vicky & The Kaiser. Ein Kapitel deutsch-englischer Familiengeschichte, Ostfildern-Ruit 1997.

Manuel Schwarz: Das Ende der Fürstenherrschaft in den Thüringer Staaten (Thüringen Blätter zur Landeskunde 120), Erfurt 2017.

Hinweise zu Mode: Annkathrin Selthofer